MENHIR

MENHIR

MARÍA ANTONIA RICAS

Imágenes
PABLO SANGUINO
JOSÉ ANTONIO G. VILLARRUBIA

Colección Generación del Vértice, 215

MENHIR

© De los poemas
MARÍA ANTONIA RICAS PECES

© De las imágenes
PABLO SANGUINO
JOSÉ ANTONIO G. VILLARRUBIA

© De la edición
CELYA EDITORIAL
Apdo. Postal 1.002 – Toledo (45080)
www.editorialcelya.com
celya@editorialcelya.com
Tel.: 639 542 794

1ª edición: Marzo, 2024

ISBN: 978-84-19933-03-4
D.L.: TO 59-2024

Imprime CELYA

ÍNDICE

Aunque hincada en tierra, de firme
mudez oyente, soportando
la carne el agua, grietas, fila-
mentos de tiempo con sus uñas
raspantes, mi granito se iza
en su peso, lenguas me aúpan,
expresiones intransferibles
que repites: *son jeroglíficos*,
pero se deletrean como
códigos mágicos... Tú déjate
llevar por tal hechicería.
(Mírame igual que a una escultura
incesante de Giacometti).
Y aunque me vaya endureciendo
mientras me erosiono, prefiero
que me recorran las palabras,
serpientes subiendo a las ramas
más altas. Y aunque me recubra
el liquen comedor de gozo,
alfileres en huequecillos
habitados, soy vertical,
lunar, resisto, observo, soy
un aflechado verbo: acoge
la seducción de los sentidos.

INÚTIL

Me gusta esta costumbre de la rúbrica por lo inútil.

Miguel de Unamuno

I

Ahora hay tiempo
para detenerte ante el espejo.

Eso que miras
−sucesión de pasados creciendo
y consumiéndose−
puede esperar a que des el salto.
Eso que miras
−red de vestigios, qué lejos viajan,
qué lejos dejaron su partida−
puede esperar
antes de entregarte al otro lado
definitivo.

Ahora hay tiempo,
el necesario para lo inútil.

II

La brillantez: abrir el balcón
a la mañana, al riesgo del día.
Espejo indócil
devolviendo el viaje de la noche,
encontrando las cáscaras blancas
de lo que aún
no está estrenado ni está despierto.

La brillantez,
el aire fresco, rosado, el aire
queriendo ser
animal que no sirve, valioso,
y no se adapta.

Después la luz trayendo a los pájaros
el don del vuelo.

III

Detrás de la cala, en el balcón,
la parthenocissus enrojece,
se une a los hilos
y teje el cambio,
temperatura
rodante al otoño, otra manera
de latir. Sientes
la medida de la enredadera,
sus raros dígitos
por irse a dormir sin el apremio,
sin preguntarse si le sirvió
crecer, cubrir
la despiadada
herrumbre rancia de los barrotes.

IV

Próspera, decidida, la cala
crece hasta el tejido blanco, ciñe
una espiga amarilla, varón,
sexual señuelo.

Crece derecha, tan convencida
de espumarse en la ocasión exacta.
Parecida a la parthenocissus,
no se cuestiona
ni su visibilidad ni olvida
seguir al sol,
e ignora qué es
la transparencia.

La misma transparencia al cruzarte
con los hombres jóvenes y hermosos.

V

¿Habrá palabras
que aparten de ti la transparencia,
que restituyan
tu densidad
y vuelvas a florecer en cada
giro de tu bráctea envolvente,
un movimiento
rizando el ansia?

¿Habrá un poema
con el que resurjas de la edad
para replicarle al dios terrible,
al que deshoja,
quien nunca se sacia de la sangre
diseminada?

VI

Mientras tanto, los gatos pausados,
afines a dioses matutinos,
–no el sanguinario
dios sino azules seres sin plomo–
te oyen hablar,
repetir los verbos que conjuran
la premura, la impaciencia, el diente
imprescindible.
Te oyen hablar
en el intento de atar relojes
y habilidades.
Pero, según parpadean, saben
alejar lo bárbaro: eficacias,
sanos momentos aprovechables.

VII

El provecho acecha, es un carnívoro
buscando. Cuántas
criaturas preciosas, incapaces
para un futuro,
ha devorado con el pretexto
de no malgastar ni dos instantes
de vivir. Aunque
un territorio rico en dispendio
y en rezagarse no le da paso
con su avaricia:
ensimismarse
en la espesura
de san Juan y volver rebasada,
acaparada.

VIII

Dice: *volé tan alto, tan alto,*
que le di a la caza alcance. No
hagas acopio
de carne por si la hambruna, no
dispongas del arco y de su tino,
no te prepares
por si acaecieran la escasez,
la insuficiencia.
Y no lamentes
tu mala suerte;
más bien vuela *tan alto, tan alto,*
hasta dejar
que la belleza cace, te alcance
y te capture.

IX

Volar, volar,
tomar la destreza de lo inútil,
desarrollar el músculo frívolo
del vuelo sin destino o motivo.
Incorporarse
al placer loco de los vencejos
tocando grises
tejados, cabezas grises: llevan
sus secretos con heridas hondas.
Volar a nada,
a ningún lado...
¿Qué mejor pérdida
de la edad, de la médula dulce
ahí, en los huesos?

X

Preferir lo inútil es un lujo,
la demasía, el exceso, el juego
luminoso, arduo
de los dedos y los alfileres
que se puntean en el mundillo.
Acariciar
la piel levísima del encaje
como escritura
(nadie se atreve
a repetirla)
sobre la trama que los bolillos
mecen con música.
Porque lo inútil suele tejerse
con luz orfebre de hilo difícil.

XI

Esa otra piel
de las manzanas en el cestillo
de Caravaggio,
o la inminencia
del final en la curva dorada
de las uvas, justo más azúcar,
o entregarse a la derrota, hacerse
pulpa de miel
si abres los higos
hasta apurarlos. Esa otra piel
que te menciona la plenitud
demasiado en sazón. Luego viene
un latido confuso. Después
tú, ya invisible.

XII

Tan sólo un día
es eterna la efímera, azúcar
breve que el pez
desea. Sólo un segundo sobre
el horario atávico, ancestral
de la tortuga de las Seychelles,
sobre el sigilo
del tiburón
ártico, lento, de Groenlandia.
Tan sólo un día, sólo un latido,
pulsación tenue de insecto blando,
sus filamentos vibran sin ruido,
un pestañeo,
una gotita cayendo al agua.

XIII

Mientras tanto este calor agudo
de las golondrinas chiando. Suben,
bajan rasantes,
rivalizan con la loquería
de los vencejos
hasta que la sístole del viento
empuja sangre por la mañana.
Ellas empujan como si diesen
cuerda a un ignorado corazón
de sol y verde.
No se detienen en la ventaja
de su energía,
no les importa para qué sirve
nombrar la altura.

XIV

Algo ligero
y rutilante,
apasionado,
innecesario,
vive sin juicio, sin pretender
medir el ansia, dosificar
el resplandor,
la desnudez,
estar a salvo cerca de ti.
Danzar, besarse,
ser una fácil señal de arena,
huella de espuma. ¿Es esto el amor
o simplemente reconocer
Le Bonheur de vivre de Matisse?

XV

Esparces sal
detrás de tu hombro
por si la buena suerte tuviera
la extravagancia
de visitarte,
el capricho para concederte
la Luna, un arriesgado milagro,
la imprevisión de una maravilla
sin repetir
o, de pronto, cierto amor que nunca
sospecharías.
¿Qué diferencia
en implorarle a un dios silencioso
o mirar al sol como una súplica?

XVI

El silencio también es lujoso:
exige una cualidad de niños,
maravillada y elemental.
Un silencio salino que escoge
la nulidad de callarse, el ritmo
interno, inmedible, de una música
–nadie la aprecia–.
Acaso sea la elección firme
que alguien confunde con luz vacía,
con luz desierta.

La voluntad de no aseverar
ni asegurarse,
ni hacerse un sitio,
ser casi líquido.

XVII

Caminar callada alrededor
del seno de la luz, del dibujo
que la luz recorta en el perfil
del promontorio.
Sin una lágrima,
sin miedo, saludando al primer
sol, se espeja en las ventanas, vuela
con las grajillas del río, extiende
un rayo suave.

Caminar callada alrededor
de la ciudad.
Sigues amándola: aún te calman
su nido antiguo, su voz de piedra.
Se está dorando.

XVIII

El misterio del amor posee
la misma constancia solitaria
que Cézanne cuando sale de casa,
de Aix: se dirige, estricto, al paraje
donde pintar
ochenta y siete
veces, sin cansarse, la montaña
de Sainte-Victoire
y convertirse
en montaña, en memoria de tierra.
Abandonar
la certeza del cuadro perfecto,
la convicción
del amante dócil y entregado.

XIX

Cuánta inutilidad si te entregas
a esta soledad donde se muestran
las marcas vivas de la memoria,
donde escuchas a tu voz buscando
la poesía
por toda la casa. Y es que sólo
tal poesía
ineficaz
ocasiona planetas detrás
de las puertas o bajo las sábanas.
La satisfecha, la servicial
con los alivios, con las arengas,
brilla oropel
y devorada por los propósitos.

XX

Mientras tanto los gorriones bajan
hasta el alféizar para comer:
uno se pone
cándido con el grano, los otros
aletean, vigilan, se turnan,
lo hacen rápido, dando saltitos,
vienen desde el alero de enfrente
al platillo. Mínimos, atentos.
¿Confiarán
en quien cada día sirve el plato
o sólo ellos descifran y apuran,
sin un propósito,
la eternidad
que dura lo que dura el presente?

XXI

Sí, demorarse
en el recorrido del presente,
en la nadería de un segundo.

Esquivar motivos avarientos
de la premura.

Precipitar
la dilación,
con lentitud moverse, virar
al mediodía.

Sí, retrasarse por contemplar
Red, de Mark Rothko.
¿Cómo consigue
vaciar el tiempo de inmediatez,
de su codicia?

XXII

Sabes que en la casa permanece
una firmeza
de la suerte huidiza; la esperanza
no se acicala,
no se atusa para recibir.

Hay un desgobierno hospitalario,
un desorden cálido, tardón,
dando existencia
a los objetos
reunidos, queridos por tus muertos.

Son muy hermosos
y caedizos.

Este barullo tuyo desmiente
la felicidad de Marie Kondo.

XXIII

Afirman que repetir el nombre
de los müertos
es malgastar el tiempo y su alhaja.

Pero desconocen que acostumbras
a disipar el día sacando
a respirar
las cartas, documentos, las fotos
y cualquier talismán que atesore
firmas y apellidos de tus sombras.

¿Acaso el tiempo
no es otra cosa
que el espacio ocupado por esas
voces familiares, por su letra
inglesa y formal en los papeles?

XXIV

Mientras tanto cada mirlo aprende
a pronunciar
su llamada; es única, distinta,
y la repetirá cuando venga
la vehemencia
del celo, brillo negro, lustrado,
preparado para el picoteo,
revoloteo
acucïoso.
La repetirá en las despedidas
de sus muertos, todos embriagados
por haber vivido. Cada mirlo
jugará a espantarse. Ahora hay uno
probando su letrilla en la plaza.

XXV

No dejas de despedirte... Siempre
flotan filamentos de acidez
que están tejiendo
el tapiz tupido de la ausencia.

Quizá por ello
te gusta observar las acuarelas
de Andrew Wyeth:
cruza una atmósfera de decir
adiós ondulándose, rozando
perros, visillos, el comedor,
alcobas, labranzas o campiñas.

Y una luz balsámica suaviza
la desolación; no hay nadie, nada,
persiste sin ruido la dureza.

XXVI

Andrew Wyeth ve cómo se arrastra
su amiga Christina: apenas puede
andar, la polio
le ha dispuesto un mundo –ese famoso
que vive en el MoMA de New York–
a ras de suelo, con los arándanos
que su hermano desecha al pasar.

Luego, Andrew Wyeth
pinta la casa de Christina Olson
y a ella misma también, dos, tres veces.

En uno de los retratos, quieta,
sentada en el umbral de la puerta,
piensa en las conchas bonitas, rotas
de su futuro.

XXVII

Escuchas *At Last* en la versión
de Joni Mitchell.
Canta que, al fin, el amor la encuentra.

Escuchas la canción del hallazgo.

La misma balada que creer,
convencida, en mañana y su vuelta
a ser de día, se abre otra concha;
creer, ingenua,
en los algoritmos que confirman
la duración de los continentes.

O admirar la tonada optimista
del matemático
concertando todo eso que un dios
creativo abandonó a su suerte.

XXVIII

Divinidades
griegas, hindúes, siempre con hambre.
Griegas en tu memoria anhelando
la fugacidad que te define,
el soplo hermoso... Krishna, azulea,
habita los cuerpos especiados
con el deseo.

Sin embargo, este dios creativo,
mudo en su Vía
Láctea, mucho más lejos, más
remoto y mudo...

Divinidades inacabadas,
humanas casi,
contradiciéndose.

XXIX

El ángel de Durero también
está callado
aunque su mutismo es diferente:
conoce la distancia divina,
el hielo equidistante entre el sorbo
de sangre roja
−mortal de rojo−
y la sangre celeste, jamás
fluye, se enturbia.

Durero ha titulado al grabado
Melancolía.

Cómo ha sabido
resumir la carencia, el calor
marchado, la lesión, el desánimo.

XXX

La melancolía es otro lujo
inaccesible
para las jóvenes
madres rohingya
en el campo de Kutupalong,
para la abuela
que viste aprisa
a sus niñitos –huele la casa
a una mezcla de amor y amargor–,
después la leche, después se queda
mirando, en la puerta escolar, cómo
desaparecen.

La melancolía es una joya
tallada con tiempo y privilegios.

XXXI

Tú, si quisieras,
podrías dudar o distanciarte,
tomar un gesto
observador
y convencerte
de la inutilidad de vivir
hasta morir.
Acomodarte al modo abatido
de quien recuenta grietas sutiles
en la solidez de lo evidente.

Si quisieras quedarte mirando
caer el día
en la pared de enfrente, en los ángulos
de sombra de julio. Un lujo más.

XXXII

Mientras tanto la salamanquesa
trepa de grieta
en grieta por la pared nocturna
de julio –siempre
es julio, todo el verano es julio–.
Persigue a la polilla, prefiere
la brevedad,
el aleteo.

Y la polilla,
acariciada por la melaza
de la farola,
entrega su excitación a un fuego
letal, de luz
irresistible.

XXXIII

La noche de verano se vuelve
pesada péndola:
escribe dudas a los penados
por el insomnio.
La incertidumbre
es una tortura de reloj
sin pïedad.

Pero tú has conseguido la pluma
ociosa, indolente: no elegir.
Tu noche oscila
entre un sueño de sudor, tormenta,
entre dormir y parar agujas
o adelantarte
al amanecer con tinta ardiendo.

XXXIV

Abrir los ojos
con el primer murmullo del día
y sostener
el sueño de la palabra exacta.

Te dormiste en calma, recordando
la aspiración
intensa de Juan Ramón Jiménez.
¿Quién preserva su expresión? ¡Qué ingratos
los aprendices y sus laureles!

Con el primer murmullo del día,
secreta euforia
que electriza tu cuerpo y destina
esta jornada
hasta el exceso y lo improductivo.

XXXV

Como la flecha
que dibuja la palabra exacta
y abre una herida a la vez que rompe
inaugurando,
los retratos de Al-Fayum devuelven
una mirada
tensa y precisa.
La que se despoja de la urgencia,
de apresurarse
por estar... Aunque
también del raro
e insondable deseo que esconden
muertos distintos...
Viven en tu casa, son tus muertos.

XXXVI

Mientras tanto la vieja robinia
de la plaza ofrece todavía
sus racimos de pan y quesito
a cuatro descendencias de niños.

La vieja y buena
robinia de la plaza, –tundida
por los versados
que confundieron
cortarle los brazos con podar–,
se mira a sí misma y sólo quiere
subir, subir,
conseguir el infinito verde
de un cielo verde
y pájaros verdes anidándola.

XXXVII

No perteneces
a tribu alguna
donde sintieras que te comprenden
al preguntar. Esto asusta como
asusta la bondad exaltada
de los seguros,
la resolución de los versados.

Te asustan esos enardecidos
que latigan el lenguaje para
fundar consignas,
soflamar un cántico oportuno.

Y, especialmente,
los alumbrados por un correcto,
útil y adecuado resplandor.

XXXVIII

Escuchar las campanas que trazan
la mañana dominical, pronto,
con los avisos
que ya nadie atiende ni comprende.

Es otro cántico
sin pretensiones, casi inservible
que te regala
fabular con un tiempo propicio,
encontrar los signos impalpables...
–Siguen estando serenos aunque
los alumbrados
neutralicen la filosofía–.

Signos: señalan mundos sobrantes
que ya nadie atiende ni comprende.

XXXIX

Mientras tanto un viento tornadizo
y caliente reúne los signos:
un montón de hojas
en un rincón de la plaza... Sopla,
ventea su oro
adelantado para aturdir
a los que pasan
torpes, sudando.

El oro de lo inútil posee
un ventoso y caprichoso tuétano
de las hojas. Vuelan a las nubes,
acaso bailan,
se embriagan de altura, luego caen
y se transforman.

XL

¿Algo más valioso que tumbarse
y ver pasar las nubes sin negro?
Imaginar
las pareidolias
de animales difusos, dejarlos
ir, observar
cómo van llegando nuevos, ir,
leer recados
que, en la rapidez del recorrido,
hay que entender aprisa, dejarlos
ir, retardarse
en mirar, ahora son paisajes.
Ahora el sol
se está curvando, ahora la siesta.

XLI

Separaciones
de un dios, desvíos
en las pinturas de Caspar Friedrich.
Paisajes del alma... Quién se para
e ignora la exigencia del tiempo
por reencontrarse con los campos,
la inmensidad
de las montañas, del mar, las tumbas,
los atardeceres y la Luna
que aún habitan bajo el apremio.
Quién se retira
de una ganancia a cambio del caro
aroma de pararse y hablar
sin voz, muy dentro...

XLII

Mientras tanto el aroma colmado
de la rosa sigue recobrando,
amando a Shakespeare.

Porque en el envés de la escritura
crece una tardanza nutritiva,
una crisálida
que se está rompiendo, que regresa
desde el primer día de nacer
las cosas. Viene con el hallazgo
de un verbo fragante y esencial.

Volver a Shakespeare,
tomar la gracia de la esperanza
para el prodigio
de un trazo voraz y creador.

XLIII

Y el envés de cualquier beneficio
no es el reposo
sino un aplazamiento inmaduro,
suficiente para convertir
curiosidad
en entusiasmo,
diamante rojo en sabiduría.

Semejante a la insensata Alicia,
regalas la fuerza que te resta
en el reflejo
de la tinta. Todo lugar guarda
un peligroso espejo: no suele
ser muy cumplidor por devolver
la piedra preciosa que le diste.

y XLIV

Pues, ¿dónde se excita tal peligro?

En la costumbre
de hablar con lo invisible, en perder
el tiempo caminando a ninguna
parte o girar
en soledad
con el lujoso
silencio que siembra una palabra.

Sí, como cuenta Unamuno en *Niebla*:
rubricar sobre un viento inconstante.

Aprendes la lengua de los pájaros
mientras les das comida y les dices
tu nombre... Con el don de volar
ellos responden.

MUSEO

Sus salas componían pinturas de vida detenida que en nada se asemejaban a una disposición de naturalezas muertas. Objetos tocados, retocados, manoseados, considerados, palpados, apurados, parados en el tiempo, burlándose del tiempo para siempre.

M. Beckfort

Entrada.

Por el Arco de los Caballos, cruzando al antiguo Alficén de la ciudad entregada a las visitas, llego hasta la portada de este lugar que parece derramarse hacia el convento de Lascón, luego los rodaderos, luego el río. Sus muros reciben vientos del norte. La portada imponente, platería, bandeja repujada, lujo de nidos de golondrinas que chían, planean por la cuesta, suben, casi rasan mi brazo. Han adquirido el don del exceso. Se detienen en las virtudes de la piedra y regresan al aire, agraciadas y locas. Sí, es tan hermosa la entrada a los susurros para ser lo que fue, casa de enfermos, de niños tristes, de escasez, más tarde los soldados. Del zaguán ya hablaré pues me recibe la luz caliente y dorada de organismos callados –sus rizomas se multiplican invisibles; desprovistos de tierra, buscan salir al día–, piezas que, en apariencia, ya no existen salvo que en las vitrinas mancha un vaho imperceptible, cosas animales que alguien amó, enseres perdonados por la ruina. Una luz que no hiere me acompaña aunque detrás de mí se rizan sombras.

Detalle del retrato de Pedro González de Mendoza. Anónimo. Siglo XVI.

¿Has firmado la carta o te demoras leyendo un libro preferido con letras de caimán? Doblada con cuidado reposa, recoge la invención del claustro hermoso, de la escalera de Covarrubias hasta una noche estrellada, o quizá la dama de los *lindos pecados* espera tu respuesta porque tienes los labios gruesos para besar y la mirada dónde... La carta doblada y esmerada con un secreto conocido por todos. Sí, ser cardenal es un trabajo muy mundano, muy de raso que se arruga al sentarse.

San Dionisio de París. Anónimo. Siglo XVI. Pintura sobre tabla.

¿Anduvo seis kilómetros con su cabeza bajo el brazo? Cantaba, aunque nadie lo oía, era una envidia de jilgueros. Cruzó Montmartre, se abrió paso entre los pintores, turistas, panaderos, las bordadoras de labios de acacia, los que buscan hurtos y pendencias y cajas con restos de historias o los que vuelven de una noche de amor. Y nadie se extrañaba. *Bien lograda la sangre goteando,* decían, *bien conseguidos los labios de coágulos y de suave voz, la mirada doliente.* Lo vieron alejarse y siguieron, ruidosos, sin creer en milagros, con sus asuntos importantes.

Cáliz, copón, incensario, crismera. Siglos XV-XVI. Plata, cobre, bronce.

Sobre todo las bocas. Ansiosas, ávidas de perdón, beben el vino, beben trocitos de oro rescatados de un misterio pagano. Pero también aroma que no deje pensar, que no haya dudas, que centre en otras ansias, que embriague hasta decir *te pertenezco*. O también el aceite con bálsamo en los dedos tocando las telas, las paredes, las últimas voluntades de los marqueses consentidos. Ahora es sagrada la piel y ya no tiene peso la amargura. Pero también las bocas masticando un pedazo de estrella, una lasca del corazón más blanco que la nada. Esa piel aceitada irradiando, esas bocas creyentes.

Detalle del Tríptico de la Flagelación. Atribuido al Maestro de los Luna. Años 1490-1500. Pintura sobre tabla.

Cierra el libro y muestra su pañuelo, tal vez para enjugarse el rostro, tal vez el aire está lleno de arañitas que viajan en su hilo. Un gesto de tristeza, de no poder cambiar las cosas, de no reconocer el rojo en el cielo azul... A lo lejos, torres de la ciudad selecta, nacarada igual que un escenario... ¿La llenarán los visitantes como en esta – la mía, hueca aunque querida–? ¿La aturdirán a voces con hijos malcriados y GPS de acento terciopelo, olvidando que en abril se vierten los cálices de sangre a cambio de una intención divina? Él, entre tanto, en primer plano, contempla el flagelo y parece que llora mientras muestra su pañuelo blanquísimo.

La Virgen con el Niño. Anónimo. Finales del Siglo XV-Principios del XVI. Madera tallada y policromada.

Ella tiene una fruta misteriosa en la mano derecha, una redondez de madera de carne; no se distingue bien. Él pesa poco en el brazo izquierdo pero se yergue, se sitúa sin alas aunque dios o acaparador, y señala con su dedo, con convicción, algo concluyente –notación musical, historia de un hada perseguida, código de una galaxia– en el libro abierto. Cuando saber leer era la diferencia con la niebla del daño, con la mentira adornada de colgantes púrpura, cuando leer era una señal que separaba la voz de la miseria, acaso hechicería.

Arca de caudales. Siglos XV-XVI. Hierro, madera y cuero.

Conozco el valor de su tesoro; lo conozco, antes fue una abundancia sin gravedad, fabricada con vetas de humo. No había caja o usura que contuviese su acopio. La mañana de abril es una robinia que vierte olor blanco de racimos y llega hasta donde la plaza cambia su nombre y hasta los hombros de los que son huraños con la estación. La mañana escapa de tributos aunque me asuste con los documentos de las gabelas, con el pago en las cuentas. La fragancia del árbol no me permite negaciones, no deja ni una grieta para respirar lógicamente y los que pasan llevan algo pegado a sus chaquetas con tanta desmesura de olor.

Estatua yacente de D. Diego López de Toledo. Siglo XVI. Mármol tallado. Factura probable de taller genovés.

¿A qué esperas para correr aunque no tengas tobillos, aunque la mascota tendida a tus no pies –león haragán o perro displicente– hace pereza, le da igual tu abolengo? Ahora que no posas ni hombre ni mujer, ser tan tumbado pensando para siempre en las constelaciones, agrupando de nuevo las pupilas de los muertos, ¿a qué esperas para flotar hasta La Sisla, regresar por la tarde a los riscos e importunar al nuevo regidor? Si fuera tú me negaría a cerrar los ojos, asustaría a los visitantes del Museo y lo haría mejor que en un cuento inglés... muy, muy poco pueril, a la manera castellana.

Brocal de pozo con decoración estampillada. Siglos XV-XVI.

Dicen que la cuesta de donde lo sacaron se llama *El Espinazo del can*. Imagina qué subida, qué pendiente tortuosa. Ahora se asoman los niños por su borde en las mañanas de verano, cazan lagartijas, las arrojan, el eco repite nombres anticuados –ya nadie comprueba un santoral del XVI–, las voces infantiles insisten y se cuenta que duermen cuerpos casi lodo en el fondo. El fondo es la simulación de un futuro improbable. Pequeños, transparentes fantasmas estos niños del antiguo Hospital ahora Museo. Cuando toser indicaba la señal terminante, cuando la sed no podía apaciguarla pozo alguno y la resignación era un tormento. Me asomo y nadie responde.

Estatua yacente de D. Pedro López de Ayala. Anónimo. Siglo XVI. Alabastro tallado.

Hay rostros que nunca han estado vivos; reposan su cabeza en cojines de piedra, recamados, haciendo que respiran, que una vez respiraron. Hay rostros como el tuyo, como tú, que nunca abandonaste el incienso, la frialdad de esquina de un templo de secano. Si al menos hubieras pisado la arena negra de la playa isleña y te hubieses traído el aire salado que aclara los ojos, que pellizca los pómulos y, rescatado de la penumbra, seseases mientras te santiguabas, o una sonrisa a la manera atlántica... Es curioso que alguna vez, en esta ciudad, fuésemos levantiscos... Había clanes en tu contra... Y qué relevancia podría tener –para quien se mueve a pie careciendo de doradas libélulas– que tú perdieses importancia, que tú murieras con ese rostro de no haber vivido.

Silla de montar. Siglos XVII-XVIII. Cuero, lienzo, cuerda, cáñamo, hilos de oro y plata.

Taconeando entre las robinias de la plaza, altanera y ensimismada por estar erguida, moviéndome ecuestre y fina, atravesando el aire seco y calor, se lleva los pétalos de las flores de los árboles. No hay niños subidos arrancando los racimos para comérselos. No hay nada salvo aire de abril que parece de julio; va y viene sin agua resonando en las calles vacías. Cloc, cloc, los cascos de la cabalgadura en los cantos rodados, lisos... Cuidado, es fácil resbalar. Me pregunto si quien se cruza conmigo existe, si quien me viera porque estoy existiendo fuese un transeúnte cierto o sólo la ilusión de esta ciudad atrapando a visitantes cansados.

San Juanito me mira. Detalle de La Sagrada Familia. José de Ribera. 1639. Óleo sobre lienzo.

–¿Hay algo en mi cara, niño callado, o quizá observas más allá de mí, de mi continua decepción, de las palabras tejidas con el desconocimiento ajeno?

–Ni siquiera debería responderte. Permanezco en el lado de sombra, cerca de la cabeza del futuro sufrimiento. Saber lo que me espera y lo que le espera saja todo con la seguridad del dolor. No hay suavidades que alivien. Así que, si has de llorar, llora por algo que no sea la envidia.

–Niño insolente, seguiré mi camino y te dejaré expuesto a las miradas para siempre.

Algunas ballestas. Siglos XVI-XVII. Madera, hueso, marfil y otros materiales.

El chasquido irrumpe, el silbido vibra. Nada gime. Luego el silencio. Una población de mirlos y carboneros enmudece, el amarillo de la oropéndola ha cruzado veloz a otra arboleda. Luego el silencio. El cuerpo se mira mientras se desprende de sí; se ha dejado los ojos abiertos, una punta de la cornamenta clavada en la tierra por el golpe; ya no mana sangre. Insectos de corazón de élitro irisado han oído la caída, se apresuran. Un enjambre de moscas huele el ofrecimiento. Luego el silencio se llena de bisbiseos, de rascaduras. La muerte es una carne que alguien abandona al día. Desde lejos acuden criaturas carroñeras, destripadoras. Luego el silencio vuelve a ser un dominio de pájaros.

Escritorio. Producción flamenca o española. Siglo XVII. Madera ebonizada, pintura sobre vidrio, bronce, hueso, tejido.

El primer cajón para la ceniza de aquella mañana donde tanto ardió la alegría que se calcinó. El segundo sólo guarda cintas descoloridas, pero es que madre me sujetaba el pelo con ellas amorosamente. Para las arañas verdes de la parra virgen el tercero: necesitan un escondite más que un nido. En el cuarto apenas caben los verderones que atrapan las arañas del tercero. El quinto no se abre, la madera se ha hinchado; no lo fuerzo, aunque no puedo recordar qué contiene, me resigno al olvido. El sexto y el séptimo están vacíos por si los fantasmas de la casa se doblasen igual que pañuelos blancos y reposaran unos sobre otros. Y, en el octavo, papelitos de sí/de no y el péndulo; quizá la suerte sea un capricho de la obsidiana cónica mientras se balancea... He perdido la llave del armarito central de color bello. Sé lo que guarda; sé que ha de estar cerrado. Debe permanecer una parte secreta perpetuamente.

Retrato de Magdalena Ruiz, «La loca», bufona de la corte de Felipe II. Anónimo. Siglo XVI. Óleo sobre lienzo.

La infanta, en otra pintura, posa su mano en tu cabeza para decir *que yo te protejo, que yo te tengo alimentada, perrito preferido, que yo te riego –o te mando regar– para que no termines de mustiarte del todo y, muerta, te mordisqueen la nariz los macacos. Qué asco,* exclama Isabel Clara Eugenia. Aunque vinculada a la casta de *gente de plazer* de los Austrias, aunque analfabeta dieses con la respuesta lúcida e incomprendida, en el retrato del Museo miras más allá con la dignidad de quien se ha tragado las heces de un rey de mal vientre por la culpa, con la altanería de quien conoce el tormento de Casandra y alguien grita *está loca* cuando no puedes resistirte a los augurios, y con aguante desencantado susurras: *sigo viva, despreciada, pero tengo un catre a diario, tengo la toca de tela costosa y el gran cuello de encaje de bolillos para posar...* Sí, con ademán devoto, las dos manos juntas, y esa cruz, ese mutismo. Reza, reza a tu dios, Magdalena, el dios ausente que prefiere el azar a la atención.

Retrato de María Luisa de Orleans. Anónimo. Siglo XVII. Óleo sobre lienzo.

Durante horas peinando tu pelo larguísimo. Después las dos trenzas rodean tus hombros y caen en arco sobre la espalda. Seguro que en la noche, cuando te desvistes de tu traje francés y depositas en una bandejita larguísimos y elaborados pendientes –como floreros pidiendo pájaros– y tu cuerpo de niña (que no entiende por qué no fructifica) abandona las ataduras –entra el aroma de los cinamomos de mayo por la ventana abierta, *hace tanto calor ya*, les dices a tus loros, *chaleur, chaleur*, repiten ellos–, tu melena suelta llega a tus tobillos y huele todavía al polvo de unos salones donde cualquier promesa infantil queda sin cumplir. Pero vuelvo a tu retrato. Esa domada y repeinada y alisada mecha de tu frente a tus ojos tristes; son tan grandes y tristes que en el palacio de Madrid se ha instalado una melancolía mohosa, una inapetencia de comidas con demasiado comino y poca conversación. Mientras, en París, los días espléndidos y malolientes recorren su camino hasta la mañana de enero o la de octubre de 1793.

Relicario de Santa Teresa de Jesús. Anónimo. Siglo XVII. Madera dorada, estofada y policromada.

Si los hubieras visto. Sacaban a la puerta objetos para vender –lencería azul, muñecos, cafeteras– y, al lado, varios puestos de exvotos ofrecían brazos en miniatura, piernas y otras partes del cuerpo que no reconocía –cerúleos, de mantequilla rancia–. Luego salieron del convento con tus cosas en andas. Cientos de visitantes se movían en el extraño ritmo de la sinrazón. Alguien comentó entonces que la desesperación incuba su propia esperanza trastornada. Ahora observo tu imagen, libro en la mano, pluma en la otra, y no hay nada tuyo. Una caja con forma de mujer que alguna vez contuvo una pequeña parte milagrosa de ti... Pero, ¿quién eras tú sino escapando? ¿Quién eres en este peso sosegado del Museo? Todo lo que promete tu figura fulgura en otro lado, quizá en la mañana de aquel lugar donde los peregrinos atendían a su ceguera o, más bien, insistente y a pie por los campos marcianos de Castilla. Te cansas, te sientas en una piedra del camino y escribes: *viendo claro que amor tan poderoso y fuerte que tanto le hizo padecer, ¿con qué palabras se pueda mostrar que nos espanten?*

Retrato de caballero. Anónimo. Primera mitad del siglo XVI. Madera de pino tallada, dorada, estofada y policromada.

El gesto respondiendo, sabiendo de antemano las preguntas de tu época. Muy seguro de ti, acicalado y dorado, bien recortado el pelo. ¿Desde qué origen la figuración de tu apariencia, el movimiento detenido en tus ropajes pues parecen pesados, de preboste en la orden de Malta, preeminente? ¿Qué dedicación te asiste y qué costumbre de ordenar y que asientan se ha fijado en tu rostro? Taciturno, diría. Rozo furtiva –no me ven los vigilantes del Museo– tu mano levantada, la izquierda, incesante actitud reclamando, ni cerrada ni abierta, casi viva. Poco grumo de secarral ha cogido por mirar al cielo e implorar la lluvia, poca aspereza de basta estopa palpa salvo la fineza del tafetán de seda o el abrigo de una lana suavísima. Rozo tu mano con la yema; apenas toco, lo suficiente para tu temblor, un querer apartarse o aceptarme. La rozo con el índice y encuentro un latido que dormía en el letargo donde no se respira ni hay confusión, y la he visto –desenguantada, con aire expectante recibiendo al pajarito de los tesoros, se posa confiado– moverse imperceptiblemente, agitar los dedos pulidos y cruzar la temperatura de la sala. Luego ha vuelto a un reposo de piel después de haber probado y recibido mi peligro.

Retrato de Ana de Austria, reina de Francia. Anónimo. Según un original perdido de Rubens. Siglo XVII.

Me retrataré como tú, serena, una leve sonrisa que oculte el tormento, exponiendo los brazos –comentan que es un signo de seguridad en una misma– y, en la mano derecha, nada de cetros ni distinciones ni camafeos con el perfil del amado sino un pequeño ramito, apenas sujeto, apenas pesa, apenas recordando que lo muestras. Un toque de dejadez, un matiz sutil de afirmación rotunda detrás de mostrar flores, no muchas, las justas para que lo efímero me recuerde la infancia de mayo con flores a María, y cuando te contemplen murmuren: *prefiere la brevedad de la belleza a la solidez de las alhajas.* Dejaré el fracaso dentro, dentrísimo, detrás del cortinaje rojo mientras tú insistes en el distanciamiento como refugio, *que no me toquen, soy la reina, que no me toquen, me quebraré.* Hay una vida flotante en la inclinación florida, un mensaje que no reconozco pero que da sentido al contraste con la falda del vestido, oscura y recamada. El sentido de la delicada inconsistencia frente a la intensidad de una pérdida. Así que llevaré de ese modo, cayendo, el ramo. Tal vez lo único que permanezca en nuestro retrato sea el perfume de las flores.

Despedida de Cristo y su Madre. Taller del Greco. Finales del siglo XVI. Óleo sobre lienzo.

La mañana, en la ciudad vieja, bulle de voces acá y allá, de afirmaciones, de presencias, sucesiones de arreglos en tejados, en los cantos rodados del pavimento, apuntalando, parcheando. Vieja la ciudad como su propia mañana antes del calor, del agobio, del calor en la plaza. Bulle de voces tan altas que estoy más atenta a los que pasan parloteando que a la certeza de no verte más. Tendría que llover. La sombra y la luz tatúan de sequedad los muros y la resistencia casi infinita de las robinias. Una de ellas con más años que yo. Alguien debería ofrendarle alimentos valiosos hasta que se pudrieran y se transformasen en masa nutritiva, ahí, a sus pies, rozando su tronco, para no olvidar la ancestral liturgia de las ramas con herrerillos, con gorriones y el conocimiento de una tierra queriendo beber. Siguen las voces, son otras, siguen en la caja de resonancia de la plaza recogiendo lo que distingue la quietud definitiva de los sonidos de estar despierta. Te hablo de la mañana por creer que me escuchas y reconoces lo que te cuento: signos de infancia en la casa. Te hablo de las voces por si distinguiera la tuya... Pero no, no hay regreso posible ni confianza en un milagro. Tú has muerto y yo aún no. Te hablo del espacio de la luz y lo sombrío porque no te veré más. *Esto es vivir* y no te veré más.

Inmaculada Oballe. El Greco. Siglo XVII. Óleo sobre lienzo.

I

El ángel roza con los dedos de los pies el ramo de rosas y lirios antes de, sinuoso, elevarse. No se sostiene. Todo es pesado, material, encarnado y, sin embargo, nada se sostiene, todo emerge en el plano de la plenitud, tiende a ausentarse.

II

Las flores se agitan ligeras. Si fuera el ángel permitiría que una abeja mareada de olor –desconoce el suceso– se posara en mi empeine. Si fuera el ángel creería en las oraciones y las respuestas; yo sería oración, ser cuidador de un niño –guarda, dulce compañía–, ni mucho menos terrible o rilke, ni mucho menos aparición o mensaje. Sería extraterrestre, extracorpórea, extrasensorial, el sexo importaría un segundo al amanecer y ¿qué ocultaría el futuro sino un juego de tiempo y constelaciones?

III

Nadie escucha la música en el estrato de la atmósfera donde el oxígeno no pesa y respirar es una debilidad humana. Los cuerpos, serpentinados, se imantan unos a otros. Oh, Virgen, la incandescencia quema cualquier reflejo. Nadie escucha la música ni ve cómo se giran los otros ángeles. Si fuera cierto, y las rosas, y la música... Pero me quedo en la parte de la tierra y de la sombra. No puede ser tanta melancolía desde el río a los montes.

Santa Ana enseñando a leer a la Virgen. Escuela castellana. Siglo XVI. Madera policromada.

Íntima la escena, cercana, de la divinidad transformándose en herida premonitoria. Qué aplicada la niña. ¿Adivina lo que le espera o sólo es una niña atenta con el libro? En su interés hay animales alados, caballos verdes pintados por Leonora C., se enredan en su pelo, su madre insiste en la lectura. Recuerdo que aprendí a leer a los cuatro años, aprendí a distinguir las mismas criaturas imposibles subiendo por mi dedo, siguiendo el renglón hasta mi boca, *qué bien pronuncias*, decían. Leer era un barco vikingo donde fui poderosa, un globo verne con recibimiento de vítores; leer, esa seducción con la que atesoré escolares de ocho años; leer, esa escena de padre procurando instruirse –tuvo que salir de la escuela para hacer armas–, ese desgaste de luz, y vuelta, vuelta... Veo a la niña y parece que nada sucediera, que cuando crezca se valdrá por sí misma, que sabrá responder y se afirmará.

Retrato del emperador Maximiliano. Anónimo. Siglos XV-XVI. Pintura sobre tabla.

En 1492, 7 de noviembre, una bola de fuego se precipita al trigal de Ensisheim. Los lugareños, horas más tarde, o días, arrancan trocitos del meteorito para fabricar amuletos –no es frecuente que los mensajes divinos caigan del cielo–. Maximiliano, que no andaba lejos, también consigue un trozo como talismán para su enfrentamiento contra Francia. El resto de la roca se queda encadenado en una iglesia próxima por si el buen augurio consiste en otra cosa. Este emperador de perfil aguileño lleva el pedazo de condrita en la mano; eso que se oculta en los retratos, lo que ahora se nombra superstición, ingenuidad, ignorancia. Pero casi se sonríe el abuelo de Carlos porque no todo lo atestigua la ciencia. Hay un lado grisáceo que alcanza la penumbra. Los que adoran a un dios lo llenan con su ansia de amar; los que opinan del cíclico devenir de un magnolio colocan una maceta en ese hueco, los nuevos moralistas simplemente manejan el gris airados, ofendidos. Emperador, si creíste que el guijarro te daría buena suerte, seguro, algo habría. Lo malo es cuando sólo permanece la sorda violencia de un durmiente vagando en el espacio.

La Virgen de la Expectación. Figura atribuida a Diego de Siloé y a Juan de Balmaseda. Siglo XVI. Madera policromada.

Se sabe qué aguarda; entre tanto, sigue leyendo. El empeño de la madre fue una piedra que se ha ido alisando en los días que quedan para... Leer era esperanza. Miro la figura extraordinaria igual que si mirara la extrañeza. Porque no hay ninguna golondrina que se equivoque y pase la mañana revoloteando y chiando por las salas del Museo. Porque el dios hace décadas que retrocedió al momento de nacer, cuando la luz y la oscuridad no se diferencian, cuando los sonidos no se discriminan. Ya es innecesario leer por pronunciar palabras escogidas, luego creérselas y pintarse con ellas la línea de los ojos. Ahora la esperanza es un trato. Miro, no crédula, la belleza humana de la imagen. Y aunque la esperanza sólo corresponda a las voces cantando salmos o plegarias, miro esa hermosura en la calma de la contemplación. Miro con una postura parecida a la del ángel de Durero.

Busto de Juanelo Turriano. Atribuido a Pompeo Leoni. Siglo XVI. Mármol de Carrara.

Ni escombros quedan ni agua limpia que pudiera subir por si continuase la sombra del Artificio. La gratitud, ¿verdad?, es un hilito roto entre los dedos anillados de coronas, es una respuesta sin sentido; no hace cuerpo ni ocupa un lugar que se vea. Bulto sutil, ligero, no brilla, no hay ni bulto. La codicia, en cambio, prefiere sonreír en primer plano fotográfico; así tapa la inmundicia del río, la dejadez o algún otro propósito. Bien lo conoces tú. Pero ahora sé que te gustaría mi reloj: además de las horas, marca el compás de un corazón que ya no ansía, que sólo es corazón como un ingenio. Ah, mide también el sueño, ese espacio donde busco las alas perdidas –yo sabía volar, cazaba rasante los mosquitos del estanque de Yuste– y donde hablo con los gatos sobre las niñas de los cuentos raros. Te gustaría mi reloj digital que cambia su esfera con la facilidad de cambiar de planeta. Paseo, buscándote, por el lugar donde escapó de su daño el santo carmelita. Tampoco quedan restos. *Ahí dormías*, dicen. ¿En qué lápida duermes, en qué blandura de humus, en qué recuerdo ilustre de tu nombre?

Arca eucarística. Escuela española. Siglo XVI. Madera policromada.

¿A quién interesa el tesoro que guarda? ¿Qué tesoro protege? ¿Quién abre, durante el Jueves Santo, las piezas de madera para patentizar una presencia? ¿Quién refiere esa presencia, piadoso aguarda y, quizá, el milagro acaece? ¿Qué milagro posible? Seguramente impía recuerdo, observando esta preciosa caja, a Schrödinger, y hay algo que estremece con su rotundidad: la hermosa policromía guarda un hueco, la brillantez del barniz contiene la ausencia, forma que estuvo una vez, precisa y huidiza, escapando certera. Una forma de perfil tan alejado que ya no escucha, ni ve, ni siquiera teje o desteje los destinos.

Retablo de la Misa de San Gregorio. Detalle lateral de Santa Bárbara. Atribuido al maestro de Paredes de Nava. Siglo XVI. Pintura sobre tabla.

Bárbara de Nicomedia, pareces una figura de Dorothea T. que sostuviera a modo de regalo la torre de su encierro, la torre de su cambio a la ceguera refulgente. Abuela se asustaba tanto con la tormenta de ruidos de tambor que repetía como un mantra su sereno canturreo, su atención medrosa. *Santa Bárbara bendita / que en el cielo estás escrita / con papel y agua bendita,* conjuraba una y otra vez hasta que contábamos –como nos enseñaron a medir la distancia del tridente del trueno– y se alejaba la nube morada, montada en caballos salvajes. Luego el abuelo venía de la Fábrica de balas y le contaba, por hacerla reír, que había visto salir del río dos criaturas con girasoles en la cabeza –muy Dorothea T. también– para alejarse bailando hasta los molinos de Azum. Bárbara de Nicomedia, quién quiere padrastros psicópatas con un padre como el tuyo... Tan elegante, pensativa, sin mirar de frente, ensimismada en tus fuegos, en tus prodigios eléctricos.

Retablo de la Misa de San Gregorio. Detalle lateral de Santa Catalina de Alejandría. (Ver título anterior).

Y al otro lado del retablo, también perdida en tus pensamientos, pisas la cabeza de Majencio, o puede que fuese Maximino. No eres la Catalina de Caravaggio, mirándome con algo de insolencia –murmurando: *conozco el parpadeo de tus ojos, sé lo que tú sabes*–, cada vez que visito el Thyssen, sino una niña lista y guapa, de pelirrojo pelo suelto, que acaba de hablarles a cincuenta sabios y los convence de qué... O se prepara para una rueda de cuchillos – salen disparados, rozan su piel y nada ocurre salvo heridas en los maltratadores–. Una niña lista y guapa; quizá un toque suficiente en el gesto de tu rostro, pero sólo un instante, porque estás a punto de sonreír, lo adivino, y si vuelves a hablar es para recitar de memoria a Safo: *Pero yo amo la ternura... Mi suerte es esto y la brillante / ansia del sol y la belleza.* Y te respondo con mi propia fábula, por si me convences también: *Quedó algún cuchillo en el aire / y me sajó la piel según / se atenuaba su alevosía / de metal. Era el arma blanca/ del tiempo tatuándome.*

Patio. Alonso de Covarrubias. Siglo XVI.

I

Luz de abril seco cruzando la arquería y subiendo al segundo piso que batalla contra las palomas. Luz de silencio entre conventual y regio, entre testigo de cosas pétreas que las estaciones desdibujan lijando –hasta que, pulidas las superficies, espejea la omisión sobre ellas– y pájaros posándose atrevidamente en el borde de una conmemoración que quién la recuerda. Si cierro los ojos veo enormes cortinas de tela basta, áspera, sujetas de arco a arco; quitan claridad cegadora de agosto pero mueven el aire. Veo el olor a leche agria que algún niño ha derramado, veo llantos y luego poco a poco dormirse con la brisita tenue. Pero la luz vuelve a ser de abril encerando las hojas de los olivos seculares. Nada hay que golpee contra los minutos; cualquier objeto que antes te decía duerme también como un pequeño abandonado.

II

Esta luminiscencia sin lluvia, de cuadro de Beato, calca en las paredes blancas la curva de los arcos como si invitasen a estancias camufladas, como si fueran entradas al otro mundo que veo cuando cierro los ojos. Deleitarse con la nitidez lujosa, con los contrastes de sombra, leves burbujas de eternidades que sólo yo percibo. Los visitantes se mueven cerca de fragmentos de mosaicos, losas verticales mencionando a muertos viejísimos, cilindros enormes que señalan fechas, lápidas con escudos... Sin embargo, no creo que adivinen las intenciones de la luz. Pasan delante de las paredes blancas igual que sombras escapándose de las salas invisibles. Desconocen quiénes son, lo que son. *Y tú, ¿lo sabes?*, me preguntas. Pues sí. Huelo la magia hasta en las más diminutas grietas del mármol o el granito.

III

Hoy la luz afila, alisa, aclara pero, a veces, cuando llueve –cuando llovía– todo toma el aspecto de una seda gris. ¿Has probado a mirar a tu alrededor a través de una fina seda gris? Lluvia de octubre calando, borrando, impidiendo la permanencia de un tonto optimismo soleado, obstinándose en agua positiva a pesar de la melancolía, del tacto más frío de la piedra. Imagino a los niños con esta humedad entrando hasta el tuétano, hasta la falta de esperanza y quedándose ahí. Su olor cruza el patio color granito lechoso. Aunque hoy la luz despeja el gesto tristón y parece que cualquier prodigio se aproxima. Levanto la mirada al cielo azul cuadrado. Se acercan nubes translúcidas, aflechadas. *Debe ser* el *ramito de Portugal,* me explicaron hace años, *anunciando lluvia...* ¿Serán ciertas tales señales?

Menhir. 3500 años a. C. Granito.

En qué momento la muerte acaeció y él, o ella, testigo de: *ya no alienta, ya no se mueve el misterio dentro de su pecho, no suda ni acerca su cara a mi cara.* En qué momento él, o ella, advirtió la diferencia, notó el frío en el brazo de la madre −¿sabría besar?−; comprobó que no parpadeaba, comprendió que no se verían más y quiso que el olvido no acechase con sus raíces de infortunio. *Ayudadme, pediría, a levantar un signo para que recuerde, cuando volvamos, dónde duerme... Tal vez nos reciba con otra piel y otro rostro, pero ella misma, agitando las manos, distinguiéndome de entre todos, de nuevo a nuestro lado como la serpiente grabada en la piedra.* Ahora yo, M., visitante que dista, toco el granito vertical y me pregunto si él, o ella, después imaginó un dios o tramó alguna fuerza más formidable que la roca por si surgiese ese milagro.

Brocal de aljibe. Mármol blanco. Año 423 de la Héjira (1032). Procedente de la Mezquita-Aljama.

Cierro los ojos, escucho el rumor subterráneo del agua. Ayer llovió –tan sólo llueve en mi deseo– y el aljibe recoge el tesoro. Cierro los ojos; bajo del brocal a la bóveda; se reflejan jirones de claridad desde la luz de arriba, se reflejan murmullos que hacen eco; hasta el eco es mojado y blanco. Para el verano de esta ciudad poco complaciente, el frescor casi a oscuras, húmeda posibilidad de secretos gustosos. De la Mezquita-Aljama queda la estela de enjoyadas cifras que nadie sabe ni ve. Luego acaricio con los ojos abiertos las inscripciones que honran a Ismail Du-l-Nun al-Zafir, padre de Al-Mamún. Oh, Zaynab, cómo no recordarte; tal vez tú también acariciases el brocal camino de la oración... *Era aquella mañana cual de cristal tallado, / una huerta frondosa, brillante de alegría. / Fuimos mi madre y yo en piadoso paseo...*

Estela de guerrero. Siglos IX-VIII a. C. Piedra (cuarcita).

Hay pocos visitantes en el patio del Museo. Por fin huele a lluvia cercana de mayo –madre decía: *con la lluvia de mayo te crece el pelo y no hace daño*–, a campanas de media mañana, a estación lenta en el espacio ajardinado. *Esto es vivir*, murmuro una y otra vez, *sucede a cada instante*. Por eso quiero tocar, sin que nadie me vea, la piedra plana frente a mí, verdinegra con manchas ocres; sugiere bronce, el dominio de un gigante, el frontal de la casa del que aguarda un regreso. La toco, nadie me ve. Recorro con los dedos el grabado estilizado de una figura humana intensamente misteriosa y anónima. ¿Quién gritaría su apodo en la batalla? ¿Quién sabría esperar a la puerta de la casa con un abrazo de brazo a brazo? Acaricio la espiral, puede que escudo, recalcando todos los asombros sin respuesta, el recorrido curvo que alguna divinidad prefiere para sus adoradores. Una especie de carro, o un raro tridente horizontal, o quizá no lo sea y sea un código indescifrable. Debajo una rueda, no, la Luna llena iluminando la defensa nocturna de la aldea, iluminando el movimiento de un enorme mamífero que ramonea desvelado. Toco la superficie fría sin que nadie me vea y, si cierro los ojos, siento que la mañana recupera inminencias de lluvia, la temperatura de un ciclo natural, cuando mayo aún no se llamaba mayo y hubo alguien tallando en la piedra un mensaje propicio, una invocatoria.

Cipo funerario. Fechado en el 451 de la Hégira (1059 d. C.) Mármol de San Pablo.

En un domingo de julio murió Muhammad ibn Mutarrif ibn Muhriz. Jamás el olvido borrará en esta piedra la oración a Alá, la memoria de un hombre distinguido, de familia importante, de apellido eminente. Es un día que la canícula arrebata casi ardiendo, un día anaranjado para enterrar a alguien que ya no temblará cuando en el barrio de San Ruc, camino del cementerio nuevo, levanten todas las tumbas, porque es otra duración y otro aire respirable, y se avente la densidad de viejas cenizas. Supongo que a Muhammad dejó de importarle hace mucho si se convirtió en objeto del Museo, en un nombre cúfico de estirpe extinguida. Es el padre de Amira; reposa junto a él, joven, eternamente recordada por Zaynab.

Epitafio de Amira. 468 de la Hégira (1075). Mármol.

Me siento donde mi amiga duerme. / Si supieras, Amira, lo que busco / las dos acogeríamos con ansia / compartir el secreto costosísimo. / Pero llego Ezrael... Amira, hija de Muhammad, delante de tu piedra susurro las palabras que Zaynab escribió. Me pregunto dónde se ondulan tu cuerpo y su cuerpo, dónde el polvo rosado de vuestras risas casi niñas. Seguiréis siendo amigas en el otro lado de los acantilados o sois sólo sombras vagando sin memoria, o sois nada, nombres en una piedra y en un libro, nada, la invención de una edad de comarcas perdidas, nada, alitas de efímera, vilanos, van y vienen un lunes, 14 de Al-Muharram; mientras tanto el ángel de la muerte yendo, estando. Paso la mano por los relieves de caligrafía difícil. En la parte de debajo de la estela hay un pequeño hueco. Deposito, sin que nadie me vea –siempre sin que nadie me vea– la diminuta gema verde de la espera. Cambiará de color según los días y, esquiva, será su transparencia el disimulo con el mármol. El guijarrito verde que Zaynab prefería de entre todos. Me gusta imaginar próximos a mí fantasmas juveniles moviéndose en la brisa del patio, jugando a pintarse los ojos con alheña y con el filo exquisito de las esmeraldas.

Escultura de togado. Siglo I d. C. Mármol.

Los niños salieron al patio de juegos, saltaban y reían, se mojaban, ¡por fin, por fin! Ella me susurraba bajito, riéndose también: *El júbilo del agua / nos rescata del polvo. / Es la primera vez / que me primaveró / la primavera.* Ocurrió hace años, pero vuelve a suceder. ¡Sí, sí, llueve! La melancolía en este patio no se asemeja a aquella de la seda gris de octubre; ahora fluye mayo, casi junio; es melancolía pero podría ser un gozo secreto acompañando a tanta elegancia renacentista. Se ha parado un saltamontes en mi hombro, doy con la mano y el insecto salta a un pliegue de la tela de mármol que cae distinguida, aristocrática, sobre el cuerpo del romano descabezado; por costumbre se cubre con la pesadez de tal tejido, hay un movimiento refinado deteniéndose. Y un mirlo descarado se posa en el hueco que ocuparía la cabeza; ha descubierto al saltamontes: me fascina observar cómo se prepara para cazarlo. *Esto es vivir también,* me repito, y me acerco al borde del claustro techado. ¡Qué alegría de lluvia!

Ara funeraria romana. Siglos III-V d. C. Piedra de Colmenar y granito.

El hijo le dedica la piedra. Que no sea la ingratitud el vuelo de una mariposa confundiéndose con el olvido. Que la ingratitud pertenezca a palabras escritas en el aire. Valerius Pompeianus descansa al fin; él lo ha honrado y ahora dedicará su quehacer a la herencia, a caminar por la calle principal con el manto de padre. Tendrá el presente de los asuntos, la casa, los lares, el temor al futuro. Y un día de febrero, cuando las Parentalia, regresará al lugar de la dedicatoria. Dejará flores, sal, pan en vino o leche por conjurar a los fantasmas. Dirá *padre*. Así un año y otro año. Llegará un nuevo febrero donde vuelva con sus hijos. Mientras tanto, en el resto de los días, nada responde a las demandas de los tendidos, hay un sonido de oquedad en la huella definitiva de los cuerpos. Nada responde y no es un relato de soledad en la piedra sino de mariposas grises, esas polillas anidando en los vanos, desovando en el tacto de la caliza.

Lápida sepulcral. Finales del siglo XV. Mármol blanco.

Para Sancho Sánchez de Toledo y para María Álvarez Cota, su mujer. Losa donde la enredadera juega graciosamente con el escudo, pero, ¿qué huesos cubre?, ¿qué justicia del sueño rememora en su permanencia? Es magnífico este mármol de apellidos ilustres y parientes poetas *–La beldad de este jardín / ya no temo que halles / ni las ordenadas calles / ni los muros de jazmín...**–, hermoso, aunque colgado de la pared del patio sin cuerpos aguardando, sin descendencia que acaricie la piedra y reavive morir con recuerdos interminables. El mirlo del togado me persigue; se para en los relieves, ¿será el karma del rico mercader o el de su esposa reconociendo el león rampante, la flor de lis, la fama inútil labrada con esmero? Van y vienen, arriba, los vencejos de mayo. La indiferencia de la mañana es la prueba de una existencia animal; nada tiene que ver conmigo, nada, nada, con los ilustres muertos, acaudalados y devotos cristianos nuevos.

*De Rodrigo de Cota

Escalera. Alonso de Covarrubias. Siglo XVI.

La vieja foto de una pareja anónima delante de... Paloma me cuenta sobre la tradición de posar en ese día blanco de boda, de permanecer en la escalera al frescor, una mañana de domingo de julio –cuando se casan los que sueñan–, de bajar cuidadosamente, para la instantánea, los regios escalones, *no me pises la cola del vestido, amor,* de formar parte de la solera de tribu en la ciudad. Subo al claustro superior; subo despacio, impar, admirándome por la amplitud, observando las huellas imperceptibles de cientos en cada uno de los peldaños. Es tan bella la escalera, tan palaciega y suntuosa. Los objetos palpados, olidos, escuchados, mantienen la memoria de los que, sin miedo, se acercaron a ellos. Pero como guardan silencio –la escalera, por ejemplo–, no suelen apreciarse esos signos indelebles. Hay demasiada costumbre de ruidos, de explicaciones, de indicaciones. No todo late patente o manifiesto o fácil.

Zaguán.

Llueve, me espero por si escampa. El olor a humedad agrada a franjas de penumbra y al resplandor de la puerta del patio que he dejado atrás. Mis palabras son la invención de un espacio estrellado –todo fue estrellas, planetas y cometas en las salas de plata y en el claustro–, mis palabras fabulan artesonados de densidad poligonal que ocultan soles, un sacar de la mudez bóvedas del zaguán escogiendo el aroma del agua. –Todo fue estrellas, gestos de muertos, niños, princesas, o sentirme mirada disimuladamente o reflejarme en metales. Todo fue estrellas, luciérnagas de asombro–. He salido con los ojos llenos. Me espero por si escampa. ¿Quién se queda viviendo? El pelo de las cosas que reposan aquí necesita caricias incesantes, necesita una intención que nunca dude, que atrase cualquier evasiva del adiós para después perderse en la ciudad entregada a las visitas.

LA LUNA SE ALEJA

La Luna recién nacida estaba casi 16 veces más cerca de la Tierra de lo que está hoy. A medida que se enfriaba, la Luna retrocedió hasta miles de kilómetros en la distancia. Y, cada día, la Luna se aleja de nosotros un poco más.

SARA ROMERO

La Luna ofrecía una imagen visible de esperanza, era la luz que brillaba en las tinieblas de la psique humana. Se convirtió en un símbolo de transformación.

JULES CASHFORD

La flecha que sostiene Selene en la esfera de la Luna apunta hacia abajo, hacia la Tierra y su historia.

JOSEPH CAMPBELL

Orión, la nave, fotografía su piel de cráteres.

Artemis: la misión espacial.

Como si la Diosa ofreciese un viaje cómodo y tocar su rostro abriera los secretos de la edad del agua;

como si la Luna fuese piedra de menhir o sencillo dominar su baile;

como si tú y yo no nos la hubiéramos comido igual que bombones blancos. (Me la trajiste, al fin, y se dejó comer peligrosa, dulce).

Las fotografías detallan su apariencia inactiva, la brillantez del satélite más solitario del mundo y, aunque se llame Orión el barco y Artemis el propósito, nadie sospecha que la Diosa mueve una mano despertando a las liebres.

Observa ahí, entre las nubes de Kordylewski.

Sin embargo, en la Nasa hay decenas de listos y ninguno ha reparado en ello.

En marzo, con la Luna nueva, siembra ajo, perifollo, mejorana, amapola blanca, caléndula y violetas; con la Luna llena, achicoria, hinojo y tomates; con la Luna menguante, alcachofas, albahaca, pepino, espinacas, claveles, col, lechuga, pimpinelas, puerros y tomillo.

GERVASE MARKHAM

Que me vea la Luna
recoger
su salivilla de las hojas
del almez...

Os queda poco, niñas,
bebed del aguaplata
en las vasijas delicadas
del rocío, bebed
antes
de caer suavemente
hasta el olvido de los nombres.

En los países de la guerra
nadie mira a la Luna,
nadie reza a Ningal...
Pero aquí fulguran los labios
de las niñas verdes bebiendo;
no se desaprovecha
ni una gota de médula
lunar.
Aún queda noche con sed
para apurar el fondo
de la leche preciosa
en las vasijas.

Cada tres coma setenta y ocho
centímetros al año
viene una despedida insalvable.

Sin embargo, ¿quién dice adiós,
quién se para en la noche,
alza la vista,
teme por las mareas, coloca
perlas en los ojos de sus muertos
por su hubiese otra vida en el lado
misterioso?

Qué difícil
se está volviendo
pedir la Luna,
sacar del pozo de los deseos
pequeñas monedas blancas con
fragmentos selenitas de asombro,
de una alegría
inesperada.

Tres gatos para que Ella observe
esta escritura invocatoria
con el mismo deseo
de la primera piel,
el primer augurio entintado.

¡Cae, agua, cae!

Me miran;
asean sus caras
de gatos de Alicia subidos
al árbol, de gatos egipcios,
bigotes eocenos,
monteses.
Por un segundo
ensalivan sus patas
leopardas y Ella me mira,
se asea. Quizá llueva
pues dicen en las Célebes
que si un gato se atusa
llueve aquí.

No sé, no acabo de creerlo,
están cambiando las señales.

Sólo por una noche,
como las reinas verdaderas,
la strophocactus wittii
allí, en la Amazonía,
abre sus pétalos finísimos,
néctar cristal brillando,
dónde, en el plenilunio,
de puro blanco, de desdén
de Diosa no tocada,
de fragancia densa, delicia,
cuentan, semejante al jazmín,
esencia que seduce
a los depredadores.

Y sólo por dos horas
de la noche, como las reinas
incansables, iluminados
sus dominios,
la strophocactus
se enjoya.

Ahora aléjate, sí, aléjate:
ha mudado su bálsamo,
un hedor la señala, cambia
al desprecio, a la fetidez,
y se cierra, se olvida
que vivió
como una reina perfumando,
como una Diosa: quiso ser
tocada.
Sólo fue efímera.

Verdadero hechizo

Moltura granos de maíz y mézclalos con jugo de espino, polvo de mandrágora, no mucho, lo justo que dé gusto, y savia de la palmera de Madagascar.

Remueve todo en el cuenco del agua de la Luna, ponlo a la lumbre, haz una sopa de letras, también vale estrellada, dice la madre.

–El maíz huele a la destreza de los confiteros de tortas; el espino recuerda a las hogueras de los muertos amados, mandrágora que asuste y jugo palmerado de una edad asombrosa, cuando las islas de la infancia–.

No es necesario, dice, que ahora te tomes el caldo si no quieres; el hechizo para el deseo de alcanzar la Luna hierve en el cuidado con que hiciste el brebaje y en el convencimiento de su respuesta prodigiosa.

Si en un comienzo, en la oscuridad,
la Luna era la Tierra,

aunque se separasen,
aunque comenzasen los veintiocho
días de las menstruaciones, aunque
no me canse de mirar el corte
de la luz que limita
el lado más templado y el lado
polar,

hay un tiempo del agua asombrosa,

y aunque mi útero se queda seco
ya
los hijos que he parido regresan
con piedras que no son de este mundo.

Pertenecen, tal vez, al instante
de la separación,
a la canción de Orfeo;
me pregunto
por qué caminan así, locuaces,
difíciles...

Estos niños –y niñas, seré
correcta– tan lunares, tan displi-
centes con las frases de amor...

Ah, son afilados y preciosos.

Muchachas en la calle riendo
en alto.
Pertenecen al sol, se exhiben
atrevidas.
Helíades, taconean
en las piedras calientes,
golpean cualquier sombra, ríen
en alto casi pendencieras,
mueven las dalias de sus ropas
y en la plaza de julio
nadie se interpone,
los fantasmas del mediodía
cruzan sus cuerpos, ni se inmutan.

Pero hay hijas amadas
por toros; eligen el pleni-
lunio, se acercan a las pieles
lustrosas, negras.

El toro albino
reina sin cansarse en Gortina
y esas hijas –que en nada
se parecen a las muchachas
de pequeños afanes
en bolsos de marca– conocen
contraseñas salvajes
en los reflujos oceánicos,
en la calle de Murnau
pintada por Kandinsky,

y dibujan el halo, arriba,
con la destreza de quien vive
al otro lado. Las envidio.

Se bastan y se sobran
sin preguntar,
hacen magia. Sí, las envidio.
Sólo ellas
dan de beber al cielo
de la noche.

Mi niña coge la Luna con dos dedos.

La que nació conmigo en la cazuela
del amanecer... Ah, estuve de parto
toda la noche.

—Es muy pequeña, dice,
cabe en mi boca
(se refiere a la Luna),
entre mis ojos,
puedo guardarla
en la cajita antigua
de los deseos—.

¿Qué problema tiene en atrapar la Luna
si flotaba en el vientre maravilloso
de otra luna y quien le sonreía, mientras
enseñaba sus caninos, la aceptaba
como una de los suyos?

No la conocerías
ahora;

desde su rama de árbol
de Gato de Cheshire,
alineados sus colmillos blanquísimos,
me mira maliciosa mientras pregunta:
¿Dónde quieres ir?

Tela

Ni me atrevo a rozar la tenue
textura. Chispea argentada,
tiembla sólo con un susurro,
vibra con el perfume –tú,
niña mía–, de la pantera
en la que puedes transformarte.

Pero insistes en el tejido:
cruzas, anudas, tramas, trenzas,
y que venga quien quiera, sé
adivinarle la mañana
verde a su gusto o la mañana
justo del día del tesoro,
dices luego.

Ixchel, la diosa maya, juega
encajera, su red atrapa
el rocío del alba, como
tú, que diferencias la nube
traedora de lluvia, hinchada
de taconeos y trocitos
helados, que rescatas dulce-
mente un viejo vaho, una tierra
agradecida. Tormentece, dirás.

En el hilado de tu tela
cuelgan lentejuelas riquísimas,
pesan y pesan
y la tela resiste.

Tarot XVIII

El viento llena el aire
de sofoco,
crece en la tolvanera
con un giro empolvado,
ciega los ojos,
mancha el aire y el agua
y, en su orilla, dos perros
ladrando sin respuesta
como si le dolieran
a la Luna sus súplicas,
como si el viento fuese
mensajero de augurios...

Hay muchachos jugando,
desde el viento a las torres,
a que la guerra viene.
Cuánto regalarán
a esa otra guerra mal-
querida;
regresarán algunos
sólo fantasmas, sólo
llanto.

Acechante en el agua,
pinzando, la langosta
de la pena.

Oye, Lunita,
por detrás de los perros
–ligera, habrá que atarla
no se la coma
la ventolera–
una canción delgada.

Si le sigue otra carta
a la lectura
 –quizá la diecinueve–,
que no queme su sol
la voz alba de piedra...
hasta que cese
el viento... Oh, qué amenaza...

Lunasticio

Hoy es la noche.

Ella
aparece entre las piedras verticales
y podemos tocarla.

Luego sube la bóveda hasta la cima,
se queda arriba
despacio, centrada, perpendicular.

Conocemos el motivo de las piedras
pero hemos olvidado
la invocación, una monodia del trance,
la comprensión de los verbos rigurosos.
Hemos olvidado
residir con la espera, cuidar sin miedo
el ritual correcto
en el recibimiento. Hemos olvidado
insistir.

Ahora nos paseamos en el círculo
de piedras, en la noche de Stonehenge,
o bebemos agua del pozo nurágico,
allí, en Cerdeña,
ignorando
la lengua divina en la arenisca azul
o ignorando,
rebaño de visitas,
el sacro reflejo en el agua bebida.

Pescadores en el mar

WILLIAM TURNER

Han aprovechado la marea
para beber el licor de sal
que eligen los que parten en dos
el oleaje: como una pluma
escribiendo la voluntad de irse
sin despedida, buceo, fondo
definitivo de las langostas.

Entre tanto la Luna contempla
ese forcejeo de las barcas
con el agua, con el elemento
de las escamas escurridizas,
con una danza que nadie bípedo
sabría seguir y con los pájaros
que parecen alegrarse pero
están acechando cualquier carne
argentán.
La Luna, distraída en la costa,
bebiéndose las sombras;
con los pájaros
está esperando por si se cae
un cuerpo que no sabe danzar.

Serpentinata

Un poema
por susurrar
esa palabra, movimiento
más que cuerpos pálidos
del Greco
o complacientes
cinturas de Rubens,
ondulación de sílabas
subiendo a la Luna, mudando
de piel... la Luna nueva, Luna
que engorda,
rota sus caderas, me muestra
su mágico suceso: todo
gira en torno suyo, acontece
mudando de piel, serpentea,
se prende
la serpentina de las olas
y la Luna quisiese arder.

Así es mirarla,
siseando, dejando atrás,
mudando de piel...

Dónde quieres ir,
pregunta, igual que el Gato
de un poema anterior.

Luz de Luna en el Dniéper

Arjip Kuindzhi

La primera noche del mundo,
el primer motivo callado
de la quietud, del fondo negro
de todos los miedos cesando,
borrándose en la oscuridad.

La primera noche de Luna
llena del mundo. No hacen ruido
los peces que suben
a la superficie del río,
curiosos con esta luz tersa
que no pretende abrir ninguna
herida en las casas dormidas.

La primera noche alisada
del mundo. Tal vez la noche
para que nazca un dios o calle
una batalla, una venganza,
un gemido en los campos fríos
de los refugiados.

La primera noche de estar
despierta y encendida
en el mundo.

Oséate, dice la madre, que algo salvaje, ursino salga en ti, que algo domine sobre el olfato verde del lobo, que te haga vegetal pero a la vez caníbal.

La niña aprende a conversar con osas, sigue el rastro que cruzan para robar la miel; se hace más larga, más ambarina, las abejas no le pican por lista.

Luego, en octubre, observa cómo se acerca arpando el frío.

Qué frío de diciembre: solidifica alientos de rosas retrasadas.

Aprende de las osas, oséate, canta a la Luna, llámate Artio, ya pesan los párpados y los niños nonatos despiertan durante un instante por reírse de la helada alunada.

Ve durmiéndote a la avidez, dice la madre, quédate conmigo hasta que sepas domar el ardor, quédate hasta que crezcas.

Habla el dialecto de las liebres
que corretean por la Luna;
lo habla
con fluidez, con el encanto
de una conversación
cuidando de un secreto.

Mide, apenas desviándose,
el número de gotas
de una nube barroca
y, al despejarse la tormenta,
estira el pulgar y el meñique
de la mano
para, certera, calcular
los pasos de distancia
hasta el creciente.

La mujer que conozco
está cansada
de escuchar qué importante
te crees;
eligió la derrota
antes
de que tú abrieras los ojitos
y cuanto sabe se lo guarda
por el placer de atesorar
lo inútil y escoger,
por ejemplo,
el martín pescador,
las piezas del Museo,

o las maneras exquisitas
de Singer Sargent.

A esta mujer le gusta
habitar la vieja carcasa
de la ciudad
y saludar a otras mujeres
transparentes.

Se parece a la Luna.

Sí, se parecen
las dos cuando sonríen.

No te comas las flores aunque te invite el jardinero a un paladar curioso.

Vivirías en la taberna de la Luna, de non, como Siduri, repartiendo las cartas a bebedores de cerveza.

Mientras el juego el tiempo se detiene, dice la madre, pero ya no respiras.

¿Quién te miraría hasta cambiar tu gusto solitario de pájaro que canta sin respuesta?

Si te comes las flores recorreré el infierno por encontrarte. Aquí, en la Tierra, arderán las ofrendas, no habrá hoja que se agite en los árboles y los granos de las granadas se hundirán en el barro.

No te comas las flores, dice la madre, del jardín donde florecen las preguntas.

Noche de verano

WINSLOW HOMER

Las sombras cantando tranquilas.

Cantan y contemplan
el rizo blanco, ensalinado.

Oh, qué placer cantarte, ven
a nuestra voz pues tu reflejo
hace salir a los cetáceos,
dulcifica, platea, vienen
los pulpos más inteligentes,
algo se mece hasta transparen-
tarse, oh, qué placer, distanciarse
de todo, el día ardiendo, sajas
de sol, de todo sudoroso.

Cantan porque ellas bailan
lunares y, en su pelo, peines
nocturnos clareando;
oh, qué placer, el aire moja
el descanso del tórrido
mediodía.

Si fueran jóvenes
griegas bailando
después punzarían su dedo,

verterían al mar el gozo
de su sangre
y en la orilla del mar la Luna
esperaría
al amor.

Es la costa de Maine.

Cantan
aunque no saben las palabras
de una Diosa
de ojos rasgados.
Bailan, oh, qué gusto bailar,
aunque no saben los tres pasos
necesarios para flotar
sin peso sobre el agua.

Aun así,
¿verdad que hay un misterio
en este cuadro?

La madre guarda debajo de la cama una porción lechosa como en el cuento de La Luna, el de los hermanos Grimm.

Padre y madre duermen muy juntos, se acaloran en esa misma cama.

Padre le pide a madre: levántate el camisón, quiero tocarte. Madre sonríe, se complace, se gusta.

La niña los descubre y observa el cuerpo femenino fulgiendo.

Llena la habitación con toda la noche del plenilunio, con la noche nocturna de la razón de un tiempo delirante, de carne cósmica.

Estoy esperando al rocío
seleno.
Herse, regaladora, me habla
mientras me humedece. Poseo
la edad para entender
su idioma,
beber el licor blanco
y dejar de medir la carne
que me sobra. Estoy esperando
al rocío
no sólo por paladearlo,
por si luego llega la lluvia,
por si de verdad disfrutase
del presente,
su cartílago plateado,
leves filamentos de hielo
que no queman...

Puedo tejer con ellos
una corona para mí,
para Herse
y para las mujeres
que se han vuelto impalpables.

Luz de Luna

EMILE NOLDE

Lo que sucede bajo el agua
reverbera hacia arriba. No
es el amarillo lunar
ni el zafiro
de los naufragios. Se desplazan
crustáceos rosados sobre
anémonas, suben la luz
antes de la congoja. Un ansia
irresistible: resplandece
tantísimo esa fuerza que algo
en lo nocturno, en el velero,
en el creciente, en la acuarela,
amenaza con iniciar
el primer día de cualquier
otra vida, la única vida,
la silenciosa, la sin nombre,
volcánica y hambrienta bajo
el agua.

El jardinero cuida
en la casa un jardín lunar.

Visítame, verás
la floración del riesgo,
por ejemplo: brugmansias,
primas de las daturas,
colgando elegantes, sagradas...
No las toques, escarcharían
tus ojos melancólicos.

Pero también avainilladas
zaluzianskyas con nombre
de bailarinas de ballet:
su olor a miel y almendras
retiene un instante de gasa
en mi boca. Dan ganas
de comérselas.
(O cómeme).

Y el pericón magenta
sugiriendo un soneto
de Lope, mirabilis...
Mi tía riega,
en su patio de julio –edén
donde viven las tías
preferidas–, macizos
de esta flor que asegura: no hay
miedo por convertirse en sombra.

Ven, ven, huele los cestrum,
damas de noche, diminutas
jícaras de perfume
afinando sus pétalos,
reuniendo a mariposas
que viven, se aman y desovan
solamente una noche
nuestra de Luna nuestra, Luna
vegetal,
qué fragante saliva.

El jardinero pone
en la entrada
de la casa
labios con flores,
lenguas con flores...

Son todas venenosas, todas
breves, todas
de las edades del estambre
primero...

Antes de morir
recobraré
ese aroma de infancia
contenido.

Con el padre muerto, la madre confunde al padre con el hijo.

No mira a la niña, no puede mirarla sin sentir espinas.

—Nadó en el estanque del cielo, reclamaba el cuerpo del padre–.

Regresa hueca, sin regalos de la Luna; regresa hueca, polvo, gris cóncava, sin cordura, confunde al padre con el hijo.

La niña sabe que lo imposible es una piedra en casi cuatrocientos mil kilómetros tirando de la Tierra, que lo imposible —mudo, virgen, helado– es una madre, confunde al padre con el hijo.

Mañana más kilómetros, todavía más lejos.

Cuando los cherokee
recorrían el Sendero de las Lágrimas
en su desgarrado destierro a Oklahoma
recordaban que ellos también empujaron
al clan de los Ojos de Luna
hasta huir y refugiarse bajo tierra.

Bajaron de los Apalaches siguiendo
el curso de un río. Sabían leer
las señales de mamíferos noctámbulos,
vivían de noche con sus iris claros
y daban miedo.

Quién los ha visto desde entonces. Se cuenta
que hay una Luna subterránea dando
una luz delgada y azulada a niños
que se alimentan de secretos con forma
de insectos ciegos y translúcidos.

Alguien, en la boca de la cueva
de Chauvet, dejó de ser un simio,
dejó de alimentarse con carne
sin cocer, dejó de no pensar
cuando pidió un deseo a la Luna.

La Luna,
que no estaba acostumbrada a oír
peticiones humanas –tan sólo
solía mecerse con aullidos
lobunos–, contempló a la criatura
que apenas se erguía desde el suelo.

Le hizo gracia su voz
y sí,
formidable en su brillante disco,
asintió, le concedió la súplica.

Un gemido animal sacudió
los frutos de manzanos silvestres
y, en la pradera cercana y blanca,
los caballos salvajes piafaron
asustados.

Alesia

Julio César no duerme,
lleva días cercando Alesia.
Sin embargo, esta noche
puede tocar la Luna llena
y sabe que es una señal
definitiva.
La Luna enorme, cerca;
necesita dos manos para
abarcarla. Si la acaricia
nada se interpondrá
entre su orgullo y la victoria.

Ah, desconoce que más tarde,
dos mil años después,
puedo tapar la Luna con
un dedo y acariciarla
ha dejado de ser un signo
con suerte.

La Luna se aleja, ningún
presagio tiene ya importancia.

La Luna se aleja, no hay nadie
que la rece
antes de su batalla.

Hombre y mujer mirando la Luna

CASPAR FRIEDRICH

Breve brisa cubriendo
el espacio de ser contigo,
de reposar mi brazo en tu hombro
y contemplar. Hemos andado
el camino de otoño
entre los árboles.
Conversábamos
acerca de los días
todavía ignorados;
éramos jóvenes y des-
atendíamos a las mudas
de las estaciones.

No se trata del miedo
o contener
una velocidad
sin retorno posible.

Nos detenemos y miramos
la Luna
por el puro placer
de verterse en el tiempo
de la contemplación.

La Luna va subiendo al lado
de Júpiter y nos callamos
porque yo sé qué me dirás
antes de hablarme y tú
me reconoces dentro.

Esta sencilla forma
de ser juntos.

Qué deseo le pediremos
a la Luna.

Conticinio

La escarcha fosforece dando
un mínimo temblor. Platea
la rama del almez, platea
un tejado, un lomo de gato
feral.
Si saco mi mano quizá
la heladura metalizada
sea un guante.

Esto quiere la Luna: debe
quedar algún pájaro próximo,
el roce de un roedor –hurga
antes de dormirse–, el crujido
de una hoja oscura. Pero es grande,
circular el silencio.

Tengo suerte
de poder escucharlo, tengo
mucha suerte con este
sosiego
de ciudad de provincias.

Clava el diente en el queso de cabra, le gusta el animal que ramonea en la Vía Láctea. La madre le pregunta si ha terminado; que sí, que sí, responde, y el paladar le sabe a vino albino, de ese otro vino plenilunar, muy ácido.

◀ ○ ▶

Vemos a la niña de la mano materna. La madre carga con el arco, la aljaba y las flechas... Según caminan oyen cantar desde un balcón abierto. –Ya no se canta ni en casa ni en la calle ni saludando al día–. Una vieja canción, una lengua que reclama y reclama porque los dioses tan sólo escuchan cánticos.

◀ ○ ▶

Así es la música de la Luna.

◀ ○ ▶

Llegan hasta el jardín. Madre sabrá cazar la carne del asado, piensa la niña, madre regresará con más queso y con piedras de adularia que hablan de mañana, de florecer, de aire bueno para los cactus.

◀ ○ ▶

Deja las flores para las cintas de los héroes, artemísiate, dice la madre cuando pone una flecha en el arco y apunta a la Luna, ahí es donde deberás apresar tu destino.

◀ ○ ▶

La niña no recuerda la barba esponjosa de su padre cazador. Repite el gesto maternal: saca la flecha, la coloca, tensa el arco y arquea la tracción de dirigir los brazos con la vista. Qué expectantes todas las panteras, cómo se detienen en su vuelo preciosas mariposas de nociva pelusa suavizando su abdomen...

Dos o tres pinturas de Kandinsky

Todas las mujeres con gatos
han visitado alguna vez
la Luna.

Amasan panecillos que asan
en el horno de sueños
de Kandinsky.
Apartan dos o tres más tiernos
para gatos con nombres como
Arturo, Juan o Nicolás...
El resto de la miga
se la ofrecen
a las tortugas esperando
para ir al mar en pleamar.

Qué buenas cocineras,
impares con sus gatos, yendo
cada noche a la espuma
de sal,
cada noche felina
practicando el idioma
que consigue que el tiempo
deje de ser
lineal
y se transforme en abanico
de todos los púrpuras.

Mujer Araña se ha dormido.

Le cuesta abrir el ojo.
                    Estuvo
hilando porque hay que trenzarle
las pestañas
a la aurora.
                    Se nota
su cansancio,
amanece más tarde.

Ten mucho cuidado,
                    no pises
a las niñitas de ocho brazos.

Los cuatro puntos cardinales,
los cuatro vientos se despiertan.

Mujer Araña,
                    madre,
adivíname
que aún me creo con futuro.

¡Cómo corren las niñas
agitando los brazos!

Cuando Plinio relata
La Luna nutre a las ostras, llena los erizos de mar,
da fuerza y vigor a los mejillones
llamo a mi hermana
por si viviese
con los moluscos,
se alimentara
de sal nocturna,
por si viniese
dime, de dónde,
sólo la Luna
flota en la ausencia.
Se fue mi hermana,
no necesita
la carne blanda.

Nunca es la Luna,
ya no hay regreso.

Los animales
del agua, tímidos,
abren su concha
al rayo blanco,
mudo, sin dios.

La Luna muda
su madreperla
y qué viajeros
cultos, romanos,
vienen de Nunca.

Cercana,
la parthenocissus
cambia su clorofila al matiz
siena.

Emily escucha en Amherst al grillo
pero las hojas de su jardín
son rojas,
cuestión de glaciaciones, de insectos
hojívoros,
le digo a Federico.

Algo más lejos,
otro grillo entibia la mañana
de octubre.

Entretanto
Emily escribe sobre su ortóptero:
La partida del verano fue más tarde
que la llegada del Grillo...

Veo cómo observa
al último pájaro del roble.

Yo estoy próxima al cambio, no estoy
triste.

El amarillo de la sequía
parece pintado por Constable.

El matiz melancólico
(en la Luna de octubre
que siete lunas cubre),
aunque hermoso, del tiempo, me dice
Federico.

Lunática

He crecido pero sigo hablando con la madre. Su sombra se enrosca en los ángulos, en las paredes de la casa. Es tan benéfico este fantasma que diciembre no puede morder adentro.

◀ ○ ▶

Crecer tanto que un sueño recurrente visita mi noche, madre: el joven adolescente, azul, me besa otra vez, sentados bajo los melocotoneros, en las tardes más licuadas de la vehemencia porque agosto asiente y el futuro teje su capricho. Luego contemplábamos la Luna e, imantados por las bocas, volvíamos, volvíamos.

◀ ○ ▶

Ahora perteneces al paso de las caminan según sus pérdidas, me responde la madre. Lloras como ellas, bailas como ellas y bebes el licor más indecente cuando el resto del mundo desiste; no conoce a las mujeres que prepararon el brebaje, trituraron huesos de angustia y los mezclaron con frutas costosas, invernales.

◀ ○ ▶

Así bulle el alcohol que argenta un gesto lunar.

◀ ○ ▶

Aún sigo creyendo que iré hasta las gargantas juveniles, madre, que los muchachos se ofrecerán sin resistencia y veneraré sus jugosas sonrisas porque son espabilados, saben dónde está lo bueno y se creen inmortales.

◀ ◯ ▶

Perdónate, dice la madre, si tu sexo posee vida propia y, aunque sea indecoroso el pulso húmedo todavía, el tiempo que te queda refulge con la maravilla de los rostros que adoras.

◀ ◯ ▶

A la Luna no le importa la mesura, dice, y a ti, ¿te importa?

Final

En los próximos años se prevé que la Nasa vuelva a enviar, tripulada, la nave Orión hasta la Luna, otra misión Artemis.

Pero la Luna que se encuentren no será, ni mucho menos, esta Luna que baja con su voz hasta nosotros y nos endiosa, esta Luna de la cual te he estado contando.

Seguro que en su cara oculta se esconde una canción.

Seguro que aún viven allí las liebres mágicas.

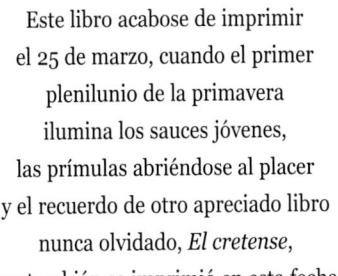

Este libro acabose de imprimir
el 25 de marzo, cuando el primer
plenilunio de la primavera
ilumina los sauces jóvenes,
las prímulas abriéndose al placer
y el recuerdo de otro apreciado libro
nunca olvidado, *El cretense*,
que también se imprimió en esta fecha.

LAVS LIBRIS